rra   rre   rri

rro   rru

Pepo lame un polo de turrón. Emi toma el té.

El perro Rufo pasa al lado de la mesa.

Rufo mira las pastas del tarro.

—¡No, Rufo, no! Fuera.

—Pepo, ¿dónde está
la tetera de mamá?
—susurra Emi.

—No sé, ¿en el terreno?
Una radio, una torre,
una rueda, una pulsera...
—¡No podemos perder
nada más!

—Mira, Emi, ¡Rufo tiene tierra en su morro!

—Pepo, ¡estamos en un lío!

Una radio, una torre, una rueda, una pulsera...

... una tetera.

¡Rufo enterró la tetera!

La tarde termina: polo derretido, pastas sin té, morro de tierra.

¡Una ruina!

mo**rro**

pe**rro**

te**rre**no

tu*rrón*

to*rre*

ta*rro*

tie*rra*

COLECCIÓN LEER MOLA

Aprende a leer con Pepo y Emi.
Vive 25 aventuras diferentes. Suma letras en cada libro
y al completar la colección verás que… ¡leer mola!

1- Pepo (P)

2- Emi (M)

3- ¿Polo? (L)

4- El oso Suso (S)

5- La diadema de Miau (D)

6- El mono Nuno (N)

7- Animales famosos (F)

8- El estofado está listo (T)

9- La rana René (R)

10- El morro de Rufo (RR)

11- El pantalón del abuelo (B)

12- Viva la nieve (V)

13- ¿Pulga o gigante? (G)

14- La oveja tiene un piojo (J)

15- La carrera (C)

16- Batalla de reyes (LL Y)

17- ¡Qué karaoke! (Q K)

18- Un huevo en el jardín (H)

19- Muchos charcos (CH)

20- Ideas en la cabeza (Z)

21- Una araña en el baño (Ñ)

22- Un show en México (W X)

23- Exploramos el planeta
(BL CL FL GL PL TL)

24- Una sorpresa para Frida
(BR CR DR FR GR PR TR)

25- Un pingüino distinguido
(GUE GUI GÜE GÜI)

Entre nubes y cuentos

9 788412 923506

LEER MOLA
Lectura progresiva

R

LA RANA
RENÉ

ANA MEILÁN
SILVINA EDUARDO

Entre Nubes y Cuentos

COLECCIÓN LEER MOLA
LA RANA RENÉ (R)

© del texto, Ana Meilán & Silvina Eduardo, 2024
© de las ilustraciones, Silvina Eduardo, 2024
Corrección: Vanessa Rodríguez

ISBN: 978-84-128229-9-1
Depósito legal: LU-115-2024
Primera edición: septiembre 2024
Impreso en España

Impreso en papel certificado por FSC®
procedente de una gestión forestal
sostenible y responsable con el medio ambiente.

www.entrenubesycuentos.com